Cenacolo Jung Pauli

Pablo Montaner.

Enredament quàntic i inconscient col·lectiu.

Física i metafísica de l'univers.
Noves interpretacions.

Índex del llibre.

Introducció.

Carl Jung i Wolfgang Pauli van treballar respectivament en el camp de la psique i en el camp de la física de la matèria. Aquests dos sectors es consideren absolutament incompatibles entre si. De fet, el materialisme científic nega l'existència de qualsevol component psíquic a l'univers conegut.

Tot i l'enorme distància entre les seves disciplines, els dos científics van establir una col·laboració que va durar més de vint anys. Durant aquest període no van deixar mai de buscar un "element unificador", capaç de conciliar, a nivell científic, les teories de la dimensió psíquica amb les de la dimensió material.

Malauradament, no van poder completar aquesta teoria durant la seva vida. .

Tot i això, eren els profetes d'una nova interpretació científica de l'univers. De fet, l'evolució del coneixement en el camp de la física quàntica, i sobretot les confirmacions experimentals de fenòmens com l'entrellaçament quàntic, han fet que les seves teories siguin actuals. Avui apareix amb força la idea d'un univers que no es divideix en "objectes materials". L'univers no està dividit sinó que consisteix en una realitat única, feta d'esperit i matèria. Aquesta és la realitat que Jung i Pauli van anomenar "Unus mundus". La matèria i la psique tenen la mateixa dignitat i junts contribueixen a l'existència de l'univers.

El "Cenacolo" és un lloc de coneixement i estudi. Creiem que és l'entorn més adequat per reprendre el treball des del punt en què van deixar Carl Jung i Wolfgang Pauli.

Podem afirmar que, actualment, l'actualitat científica ennobleix les seves investigacions i les projecta cap a interpretacions encara més atrevides del que ells mateixos havien imaginat.

Carl Gustav Jung va ser un psicòleg i psicoterapeuta suís, molt conegut per les seves teories sobre l'inconscient col·lectiu i sobre la sincronicitat dels esdeveniments. Pauli és un dels pares de la física quàntica. Sobre Pauli podem dir que l'any 1945 va rebre el premi Nobel pels seus estudis sobre un principi bàsic de mecànica quàntica, conegut com el "principi d'exclusió de Pauli".

Comencem per l'experiència de tothom. Les estranyes coincidències.

"Ja he estat aquí?

Les estranyes coincidències són experiències tan habituals que ningú creu que es pugui dubtar. Carl Gustav Jung parla d'això oferint un exemple:

"Casualment, trobo que el meu bitllet de tramvia té el mateix número que el bitllet de teatre que vaig comprar just després. El mateix vespre tinc una trucada telefònica en què algú em menciona el mateix número. Em sembla poc probable que la relació entre aquests fets sigui accidental ".

També hi ha coincidències menys sorprenents, que tanmateix ens sorprenen perquè dins nostre prenen el sentit d'una connexió quasi impossible.

Es poden citar innombrables exemples. Mentalment "veieu" un amic en una situació difícil, i després veieu que aquesta persona ha experimentat realment un episodi negatiu. Molts eviten el comportament perquè senten molèsties. Per exemple, no viatgen en tren. Més tard descobreixen que aquell tren ha patit un desastre. Alguns somien amb un amic que havien oblidat perquè viu a una altra ciutat i l'endemà el troben al carrer.

Tots nosaltres sovint som testimonis o protagonistes d'esdeveniments similars. Al principi ens sorprèn una mica, però després decidim que és un cas i no ens preocupem.

Tot i això, "una coincidència" no sempre equival a un episodi ocorregut per casualitat. Ho demostra el fet que algunes coincidències generen problemes a la nostra ment que romanen sense resoldre al llarg de la vida.

Cada cert temps aquests episodis ressorgeixen a la ment i estimulen la nostra curiositat juntament amb un vague sentit del misteri. Tenim la sensació que no hem estat capaços d'entendre cap indicació o suggeriment valuós.

El conegut psicoterapeuta Carl Gustav Jung va estudiar aquest fenomen durant molt de temps i va elaborar moltes de les teories descrites a la resta d'aquest fulletó. Segons Jung, moltes "coincidències" van passar certament per casualitat, però de vegades no. Jung va plantejar la hipòtesi de l'existència de coincidències que es podrien considerar significatives o fins i tot "numinoses" (vestides de sacralitat) i va encunyar per a elles el nom de "sincronicitat".

Casualitats i sincronicitat.

"Darrere de cada sincronicitat hi ha universos desconeguts sencers per explorar"

Les "coincidències significatives" poden ser de molts tipus. Per exemple, es poden basar en somnis, visions de futur, telepatia. En qualsevol cas, aquests esdeveniments posen en joc l '"esperit" o la "psique". Acceptem la hipòtesi que l'univers no està format només per matèria, sinó per matèria i esperit. Tots dos conformen la nostra realitat junts. En aquestes condicions podem comprendre molts fenòmens, que serien inexplicables amb els paràmetres del materialisme.

Jung va ser el primer a estudiar, amb mètodes científics, el fenomen de les estranyes coincidències. Ha proporcionat les eines per entendre quan una coincidència es pot considerar significativa o "numinosa". Quan es compleixen les condicions proposades per Jung, la coincidència es converteix en una sincronicitat.

Per descomptat, cal distingir entre coincidències aleatòries i sincronicitats. Les primeres formen part de la vida quotidiana i deriven de la superposició i entrellaçament de les nostres activitats amb les del món que ens envolta. La característica predominant de les coincidències normals és que les donem per descomptades, per tant no ens involucren ni ens interessen.

Les "sincronies", en canvi, obren una enorme finestra al panorama del misteri. Darrere de cada sincronicitat hi ha universos desconeguts sencers per explorar i una immensa saviesa per accedir-hi. Malauradament, els nostres ulls no són adequats per desxifrar aquestes panoràmiques. No sabem el llenguatge utilitzat per les sincronicitats per comunicar-se amb nosaltres. Hi ha problemes de sintonia entre la nostra ment i la ment de la qual prové la sincronicitat.

Carl Jung i el subconscient col·lectiu.

"Psicologia de la profunditat. La font del subconscient col·lectiu".

Per entendre completament el concepte de "sincronicitat" hem d'examinar les teories de Carl Jung.

Primer cal introduir el concepte de "subconscient col·lectiu".

Segons Carl Jung, hi ha un nivell de consciència extern a la nostra ment. Aquesta consciència no està tancada al nostre crani. És un nivell psíquic independent respecte a la nostra fisicitat.

El subconscient col·lectiu:

-És un nivell purament psíquic.

- No es pot col·locar enlloc.

- No és "un objecte". No té longitud, amplada, alçada ni pes.

-No es pot agafar d'aquí i traslladar-hi.

El subconscient col·lectiu "existeix", de la mateixa manera que existeixen la nostra ànima o l'edat d'un arbre o el flux d'aigua en un riu

Ningú no pot veure ni pesar la idea de l'edat de l'arbre ni del cabal del riu, però és innegable que existeixen.

El subconscient col·lectiu és una realitat totalment psíquica que conté les experiències de tots els éssers humans. Hi ha un gran avantatge: tots els éssers humans poden aprofitar aquest dipòsit. La saviesa continguda en el subconscient col·lectiu és com l'aigua continguda en un pou. Tothom pot aprofitar aquesta aigua.

Tota l'experiència de la humanitat s'emmagatzema en el subconscient col·lectiu. en forma d '"arquetips".

Avui podem dir que tota la informació relacionada amb la humanitat s'emmagatzema en forma de "fitxers informàtics". Aquests "fitxers" s'anomenen "arquetips".

Tots els éssers humans poden interactuar amb els arquetips del subconscient col·lectiu. Com a resultat, tots tenim un gran coneixement.

Aquest coneixement va més enllà de la nostra experiència. Són un regal gratuït. Carl Jung afirma que els "arquetips" són un llegat.

De vegades, els "arquetips" passen de l'inconscient col·lectiu i influeixen en la nostra consciència personal.

Aquestes intervencions del subconscient col·lectiu generen esdeveniments difícils d'entendre. Es diuen "sincronicitat".

Quan participem en una "sincronicitat" entenem la presència d'un significat ocult. Tot i això, no entenem el seu significat precís.

La trobada entre Carl Jung i Wolfgang Pauli.

Diagrama psicofísic de Pauli i Jung. El món de la "Psique humana" està en equilibri amb el món de "l'espai-temps". El món del "determinisme" està en equilibri amb el món de la "sincronicitat"

Carl Jung i Wolfgang Pauli van explorar la possibilitat que els conceptes d '"arquetip" i "sincronicitat" poguessin referir-se a una realitat anomenada "Unus Mundus".

"Unus Mundus" és una realitat filosòfica. Tot prové de "Unus Mundus" i tot torna a "Unus Mundus"

Probablement "Unus Mundus" coincideix amb el concepte d'origen neoplatònic, anomenat "Anima mundi".

Les filosofies i les religions sempre han donat suport al concepte d '"Ànima del món". Avui aquest concepte és present a la filosofia oriental. Podem recordar el "Tao" de la cultura xinesa o el "Ātman" de la cultura índia.

Tot i això, un concepte similar també és present en la religiositat occidental. Recordem "Déu" i "Esperit Sant".

També hi ha molts termes seculars per referir-se a aquesta realitat: Ment Universal, Consciència Global, Esperit del món.

Parlant del subconscient col·lectiu, trobem fortes analogies amb totes (i cap) d'aquestes entitats religioses o filosòfiques.

Per descomptat, Carl Jung i Wolfgang Pauli no van abordar aquest tema des del punt de vista religiós. Els seus estudis tenien fonaments seculars.

Wolfgang Pauli va perseguir l'objectiu de "retornar una ànima" a la natura. Estava convençut que el materialisme havia destruït l'ànima de la natura.

Wolfgang Pauli, referint-se a la psicologia, va desenvolupar algunes conviccions fonamentals. Creia fermament que a l'origen dels descobriments científics hi ha intuïcions psíquiques. Segons Wolfgang Pauli, les "imatges arquetípiques" es formen en la ment del científic, capaces d'afavorir el naixement de noves teories.

Col·laborant amb Wolfgang Pauli, Carl Jung es va familiaritzar amb els estudis de física quàntica.

En física quàntica, la distinció entre matèria i energia és molt fina, gairebé inexistent.

Jung superposa un element no material, la psique, a la materialitat. Segons Jung, la psique i la matèria formen una realitat única, no només psíquica i no només material. Aquesta realitat única pren el nom de "Unus Mundus".

El diagrama psicofísic desenvolupat per Carl Jung i Wolfgang Pauli connecta la realitat psíquica amb la realitat material de l'espai-temps. En canvi, en els braços horitzontals, el diagrama vincula el determinisme materialista amb la "sincronicitat".

El diagrama unifica gràficament els conceptes de "psique" i "matèria". Tots dos conceptes són igualment importants.

Quines proves tenim? El materialisme que nega.

Només hi ha "matèria". Què trist!

L'enciclopèdia de Wikipedia defineix el materialisme de la següent manera:

"El materialisme és una posició filosòfica que cada aspecte de la realitat consisteix en matèria. Per tant, el materialisme exclou la presència i l'eficàcia de qualsevol element de naturalesa espiritual ".

El materialisme és sens dubte una teoria que contrasta amb el contingut d'aquest fulletó. De fet, el materialisme nega totes les coses en què creiem.

El principi absolut del materialisme és que el món és una màquina. El món materialista és un lloc on tot succeeix segons "principis deterministes".

Això significa que cada "acció" es produeix només si està determinada per una altra "acció". Qualsevol esdeveniment depèn únicament de les interaccions que es produeixin entre objectes materials.

Segons el materialisme, l'home només és una màquina. Les accions humanes estan determinades per les interaccions mecàniques entre les parts que formen el cos humà.

Resumim alguns punts de la doctrina materialista.

L'home té un cervell. Al cervell humà es produeixen reaccions químiques. Aquestes reaccions determinen el comportament. S'exclou que l'home tingui una "consciència" o una "ànima".

Els pensaments, els suggeriments, la tendència cap a allò espiritual i diví són només imatges falses. Les idees espirituals són productes de rebuig resultants de les reaccions químiques del cervell. L'home només existeix al crani. L'home que creu que es projecta cap al cel és un robot que s'enganya.

L'home és només l'agregació casual d'algunes matèries primeres.

Un dia es va barrejar una barreja d'aigua, proteïnes, greixos, minerals, hidrats de carboni, vitamines i va donar lloc a l'home. Això va passar per casualitat.

Mireu-vos al mirall i admireu la vostra imatge. Si creieu que sou més que aquest petit munt de productes químics, us enganyareu.

Només sou una sèrie de pots col·locats a la prestatgeria d'un laboratori de productes químics. Un dia, l'atzar ha sacsejat aquests pots i ha creat un robot com tu. Ets un petit robot que creu que pensa, estima i desitja. De fet, us enganyeu.

En els darrers segles, el materialisme ha creat una irremediable fractura entre "elements materials" i "psique". La ciència materialista s'ha consolidat i ha pres fortes connotacions atees. Al mateix temps, els partidaris del materialisme han ocupat totes les posicions dominants de la cultura i la societat.

De fet, qualsevol persona que no professi creences materialistes queda exclosa de qualsevol possibilitat de carrera científica.

Afortunadament, el materialisme és una antiga estructura que s'enfonsa sota els cops de noves evidències científiques.

Avui hi ha científics eminents, la majoria físics quàntics, que dibuixen una imatge radicalment diferent del cosmos.

És una realitat nova i antiga. És una realitat fortament "espiritual".

La física quàntica i la diatriba de Bohr-Einstein.

"Déu no juga a daus". (Albert Einstein)

Hi ha un misteri en la física quàntica que va fer perdre el son a Albert Einstein. Einstein no compartia alguns aspectes de la teoria quàntica. En particular, Albert Einstein no estava d'acord amb les tesis de Niels Bohr. Aquestes tesis van ser recolzades en el context de la "Copenhagen School" fundada pel propi Bohr.

Albert Einstein va rebutjar el principi que és impossible determinar simultàniament la posició i la velocitat d'una partícula elemental.

Va encunyar la famosa afirmació: "Estic convençut que Déu no juga a daus amb l'univers".

Amb aquest aforisme, Einstein volia dir que tots els aspectes relacionats amb el comportament de la matèria havien de ser mesurables en tot moment.

En qualsevol moment ha de ser possible saber exactament on es troba una partícula elemental. Al mateix temps, cal saber-ne la velocitat.

Les teories de l '"escola de Copenhaguen" afirmen una cosa diferent.

Segons el principi d'incertesa de la física quàntica, (principi de Heisenberg) cada partícula elemental té dos estats: partícula sòlida i ona vibrant. En conseqüència, no és possible determinar al mateix temps la posició i la velocitat d'una partícula elemental.

A més, Einstein contestava fermament l'existència d'un misteriós efecte físic conegut amb el nom anglès de "quantum entanglement" o quantum entanglement.

Considerem una versió simplificada d '"entrellaçament quàntic". Utilitzarem partícules elementals anomenades "fotons". Recordeu que els fotons són les partícules elementals que formen la llum. La llum consisteix en un flux de milers de milions de fotons.

Suposem que tenim un dispositiu que produeix dos fotons.

Els dos fotons són "complementaris", és a dir, es complementen. Per simplificar, diguem que un gira cap a la dreta i l'altre gira cap a l'esquerra. D'aquesta manera, la suma de les dues rotacions és nul·la.

La "rotació" de les partícules elementals s'anomena "gir".

Ara separem els dos fotons. Mouem els dos fotons a una distància immensa l'un de l'altre.

Doncs bé, si invertim el sentit de gir d'un dels dos fotons, l'altre també inverteix simultàniament el seu sentit de gir.

Això passa fins i tot si hem mogut els dos fotons a dues galàxies diferents o als dos extrems de l'univers.

Així, el canvi es produeix amb una velocitat superior a la velocitat de la llum. A més, el canvi de rotació del segon fotó es produeix d'una manera misteriosa. Actualment no hi ha energia coneguda entre els dos fotons.

Einstein va definir aquest experiment amb les paraules "acció espectral a distància". Aquestes paraules van entrar a la història per definir l'entrellat.

Això contrasta amb la concepció "materialista" del món, que és "determinista". Segons el "determinisme", cada esdeveniment ha de ser causat per un esdeveniment anterior.

Una bola de billar (B) només es mou quan la colpeja una altra bola de billar (A). La bola de billar B no es mou abans de ser colpejada per la bola A.

A més, el moviment de la bola de billar B està estretament relacionat amb la força del cop rebut.

A nivell quàntic, les coses funcionen de manera diferent.

La bola de billar B comença a moure's "al mateix temps" que la bola de billar A. La bola B es mou

ABANS que la bola A. la colpegi. De fet, això passa tot i que la bola de billar A es troba al planeta Terra i al la bola de billar B es troba al planeta Júpiter.

Per tant, hi ha una força desconeguda que transmet energia i informació. Aquesta força no és la força de la gravetat.

Albert Einstein creia que l '"entrellaçament quàntic" només es pot aconseguir d'una manera determinista. (La bola de billar B només es mou quan és colpida per la bola de billar A).

Segons Einstein, la teoria de la física quàntica era impossible. Segons Einstein, l'explicació rau en un error en els algorismes de càlcul. Creia que els algoritmes no tenien en compte tots els paràmetres.

Malgrat les creences d'Einstein, els experiments realitzats als anys vuitanta van confirmar que els procediments són correctes.

Hi ha una realitat quàntica completament desconnectada de la física clàssica.

Hi ha una esfera de l'univers que no està sotmesa a les regles del materialisme. Aquesta àrea de l'univers es diu "no localitat".

La confirmació de "l'entrellaçament quàntic".

El "Tots" és "Un". Ets "Un" amb "Tots".

Els experiments realitzats el 1982 pel francès Alain Aspect van confirmar la realitat del fenomen de "l'entangelment quàntic". Avui en dia tenim proves que la "no localitat" existeix realment.

Si Einstein encara era viu, hauria de prendre nota de les proves. Dues partícules elementals unides per un naixement comú romanen units per sempre. L'enllaç que uneix les partícules elementals no és físic. És una restricció que va més enllà de l'espai i el temps.

Tot i això, la ciència materialista no admet aquesta novetat.

El problema que persegueix la ciència tradicional és substancial. El "vincle quàntic" bolca totes les lleis de la física clàssica, també coneguda com a "física newtoniana".

Considerem alguns principis de la física clàssica:

- La realitat és causal i mecanicista.

- La fletxa del temps estableix una rígida jerarquia en l'evolució dels esdeveniments ..

- Cada esdeveniment deriva d'un esdeveniment anterior i produeix esdeveniments posteriors.

- Cap esdeveniment pot ser la causa d'alguna cosa que ja ha passat.

- No es pot superar el límit de la velocitat de la llum. (300.000 quilòmetres per segon).

- Cada força (gravitatòria, magnètica, etc.) disminueix en funció de la distància.

En el nivell elemental de partícules, cap d'aquestes regles no és vàlida:

- El límit de "velocitat de la llum" no existeix.

- El principi que les forces es debiliten quan augmenta la distància no és vàlid.

- La fletxa del temps ja no és vàlida. De fet, no hi ha diferència horària entre acció i reacció.

- El "abans" i el "després" ja no existeixen.

- Per la mateixa raó, la "causalitat" ja no existeix. L'acció i la reacció es produeixen simultàniament.

Tornem a examinar el comportament dels dos fotons. Recordem que hem situat els dos fotons a distàncies astronòmiques.

Com sap un fotó que l'altre fotó es prepara per canviar el "spin"?

Com canvia el fotó el seu "gir" "simultàniament"?

Quina forma de coneixement existeix entre els dos fotons?

Per respondre, imagina un espai que no està fet de matèria.

Aquest espai és "psíquic", per tant elimina tots els problemes de temps i distància.

Aquest espai va ser imaginat pel filòsof grec Plató, que el va anomenar el "món de les idees".

Carl Jung també va imaginar un espai com aquest i el va anomenar "subconscient col·lectiu".

És un espai anomenat "no localitat" perquè no es pot col·locar enlloc.

La "no localitat és a tot arreu". Impregna l'univers sencer.

Cada part de l'univers està impregnada d'energia i d'informació.

En conclusió, no hi ha divisió de "coses" a l'univers.

Els nostres sentits ens mostren un univers dividit en diferents objectes. En la realitat subatòmica, l'univers és un

.

"Enredament quàntic" i "subconscient col·lectiu".

"Units amb la realitat còsmica."

"L'entrellaçament quàntic" demostra que hi ha un nivell en què l'univers obeeix lleis superiors al materialisme físic. És un nivell que transcendeix el temps, l'espai i la matèria.

Però hi ha una altra implicació extraordinària. Com ha demostrat la física quàntica, dues partícules separades continuen comportant-se com si fossin una sola partícula. La conseqüència és que l'univers sencer està unit per una força misteriosa. Aquesta força transforma l'univers de multiplicitats en un "univers on tot és un". De fet, tot l'univers prové d'un sol esdeveniment, el "Big-bang".

Totes les partícules elementals de l'univers van néixer del mateix esdeveniment.

A nivell de "no localitat" no hi ha ni espai ni temps. A partir d'aquest nivell, tota la informació de l'univers flueix cap a les nostres consciències. Aquesta informació primordial flueix en forma d'arquetips.

De la mateixa manera, en el nivell de "no localitat" sorgeixen les "sincronies de Carl Jung".

Les "sincronicitats" de Carl Jung produeixen totes les curioses coincidències, el presentiment del que està a punt de passar, les visions del futur. Es tracta de finestres obertes als espais de l'esperit.

Ara comencem a creure que la perfecció de la creació no és el resultat de l'atzar, sinó que deriva d'una direcció superior.

El nivell de "no localitat" destrueix el concepte de materialitat. Aquest nivell implica la presència d'una "Entitat" que dirigeixi l'univers.

Hi ha un "Tao", hi ha un "Esperit" que governi l'univers anul·lant les lleis de la matèria?

Carl Jung teoritza l'existència d'un "subconscient col·lectiu", és a dir, una "consciència universal general" externa a les cuixes individuals.

Els "arquetips" flueixen des del subconscient col·lectiu i envaeixen la nostra consciència.

Els arquetips són figures simbòliques. En la nostra consciència, els arquetips es transformen en advertències, consells, estats d'ànim, premonicions, consciència.

Probablement, la força darrere de l'enredament quàntic i el subconscient col·lectiu teoritzats per Carl Jung són el mateix. La psicologia quàntica i la física poden treballar junts.

La física quàntica només és al principi, però la teoria del materialisme. recolzat pels científics dels darrers segles, s'està esfondrant.

El mil·lenni que començarà ara serà el mil·lenni que trobarà la "fórmula unificadora" entre l'univers de la matèria i l'univers de l'esperit. El somni de Jung i Pauli es farà realitat.

L'observador decideix el comportament de les partícules elementals.

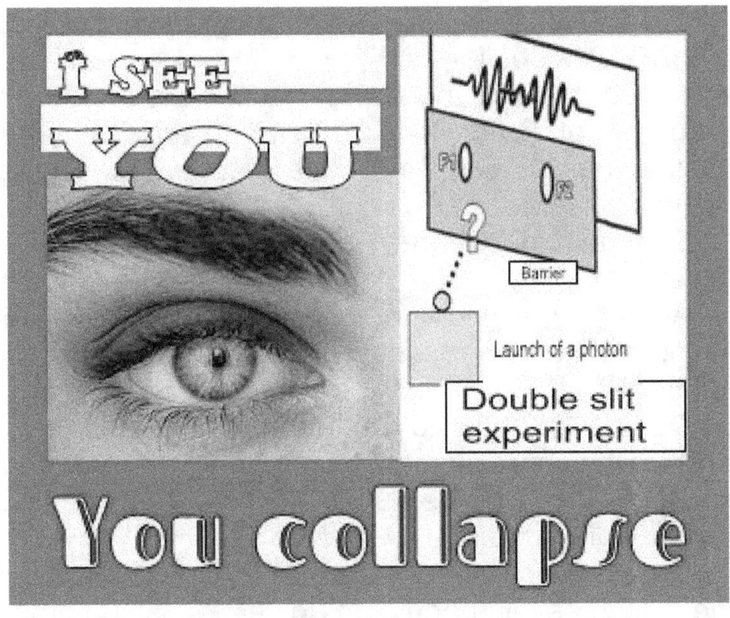

"Et miro, t'ensorris". El paper de l'experimentador en la realitat quàntica.

L'experiment anomenat "Experiment de doble escletxa" permet verificar un fenomen sorprenent, propi del comportament de les partícules elementals.

L'experimentador "dispara" un fotó de llum cap a una barrera que té dos forats. En aquest punt, suposem que aquest sol fotó de llum ha de passar per un forat o per l'altre.

Això no passa. El fotó de la llum passa pels dos forats. Això passa amb qualsevol partícula elemental.

Sabem amb certesa que normalment els fotons de llum passen pels dos forats, ja que deixen rastres dels dos passatges en una placa fotogràfica col·locada darrere dels dos forats.

No es tracta d'una reivindicació sense fonament. Aquest fenomen s'ha confirmat en centenars d'experiments. Tota la ciència reconeix que aquest experiment és vàlid.

El fenomen que he escrit es diu "superposició d'estats".

Aquest experiment demostra clarament que un fotó de llum pot estar present al mateix temps en dos llocs diferents.

De la "Superposició d'estats" prové el fenomen de "l'entrellaçament quàntic".

De fet, un fotó de llum és alhora "una partícula elemental" i "una ona, o vibració".

Davant d'una barrera amb dues escletxes, el fotó de la llum es comporta com un cercle d'aigua produït per una pedra llançada al llac.

El fotó no ocupa un lloc concret. Està dispers en l'ona / vibració. Per tant, un fotó de llum també pot estar present en dos llocs alhora.

Si creieu que això és sorprenent, sabeu que la història no acaba aquí.

Imagineu-vos un científic especialment metòdic. Decideix verificar el fet.

Aquest científic col·loca un instrument de prova darrere d'un dels dos forats per veure si el fotó de la llum passa per aquest forat.

El científic "dispara" uns quants "fotons de llum" i aquests fotons no passen pels dos forats. Els "fotons de llum", aquesta vegada, només passen pel forat equipat amb l'eina d'inspecció.

Utilitzant un terme científic, es diu que el fotó de la llum "col·lapsa", és a dir, cau en una condició precisa. Així, el fotó de la llum no es comporta com una vibració, sinó com una partícula.

Podríem pensar que el fotó de la llum és intel·ligent.

De fet, el fotó de la llum passa per dos forats quan no hi ha eines de control.

Per contra, el fotó només passa per un forat quan s'observa. Més precisament, passa pel forat on es col·locava l'eina de control.

La conseqüència més important d'aquest experiment és impactant.

El científic que realitza l'experiment pot determinar el comportament del fotó i de qualsevol altra partícula elemental.

Pot fer-ho simplement "observant-ho". De fet, col·locar un detector darrere d'un forat és una operació d'observació.

Per aquest motiu, en l'argot científic, l'experimentador es diu "observador".

John Wheeler va ser un físic nord-americà, una figura carismàtica de la física dels anys trenta i quaranta. Molts físics famosos van créixer a l'escola de Wheeler, inclòs Richard Feynman.

John Wheeler creu que "el paper de l'observador" és l'aspecte més important de la física quàntica.

Proposa substituir el terme "observador" pel de "participant". De fet, un observador pot ser passiu. però en física quàntica l'observador juga un paper decisiu.

Aquí teniu una famosa cita de John Wheeler:

"The measurement changes the state of the electron. After a measurement, the universe is no longer the same.

To describe what happened, the old word "observer" must be removed and replaced with the new word "participant". In a certain way, the universe is a participatory universe. "

"La mesura canvia l'estat de l'electró. Després d'una mesura, l'univers ja no és el mateix.

Per descriure el que està passant, hem d'eliminar la paraula "observador" i utilitzar la nova paraula "participant".

En certa manera, l'univers és un "univers participatiu".

A nivell de partícules elementals, la voluntat de l'observador participa en el funcionament de la matèria. L'observador pot decidir el comportament de la matèria física.

De moment, això és cert en el món de les partícules elementals.

Potser, mitjançant estudis posteriors, descobrirem aspectes encara més sorprenents. Potser la voluntat de l'home també pot intervenir en àtoms, molècules i organismes sencers.

Potser això ja està passant, però no ho notem.

La "Consciència Universal".

Projecte "Consciència global". L'alerta primerenca de la consciència del món.

Diversos experiments científics han trobat que els esdeveniments de gran importància causen variacions en la consciència dels éssers humans individuals. Segons els experiments, la consciència "preveu" esdeveniments inconscientment.

En la consciència dels éssers vius hi ha "pertorbacions" que indiquen l'arribada d'esdeveniments rellevants per a les comunitats.

Els experiments volen respondre a aquestes preguntes:

- És possible mesurar la "pertorbació" de la consciència d'una comunitat?

- Basant-se en aquesta "pertorbació", és possible predir l'arribada d'un esdeveniment molt impactant?

Hi ha investigacions científiques que volen respondre a aquestes preguntes.

Aquesta investigació té lloc com a part del projecte creat als anys vuitanta pels professors Robert Jahn i Brenda Dunne, a la Universitat de Princeton. El projecte és el "Princeton Engineering Anomalies Researh". Actualment s'està investigant.

Aquest projecte va néixer quan alguns experiments ens permetien imaginar l'existència d'una consciència global col·lectiva.

Els estudis consisteixen a verificar els efectes psicocinètics sobre alguns "generadors de números aleatoris electrònics", en termes tècnics RNG (Random Number Generator).

Els números poden ser parells o senars, per tant, com passa amb una tirada d'una moneda, després d'un nombre raonable de tirades el resultat es torna pla (50-50).

A les primeres etapes de l'experiment s'utilitzaven voluntaris. Els voluntaris van haver d'intentar influir en el dibuix aleatori de números.

De fet, els voluntaris podrien generar variacions interessants a partir de les estadístiques.

Continuant la investigació, els investigadors van comprovar que els generadors de RNG podien proporcionar resultats diferents dels previstos estadísticament. Això també va passar sense la intervenció de voluntaris.

En conseqüència, els experimentadors van plantejar la hipòtesi de l'existència d'una consciència col·lectiva que pogués influir en els generadors independentment del treball dels voluntaris.

En els anys següents, aquesta hipòtesi es va veure reforçada per experiments. La presència de tecnologia més sofisticada va permetre ampliar el projecte. Al nou projecte, anomenat (Global Consciousness Project), van participar molts altres instituts científics de tot el món.

Els instruments RND es van col·locar pràcticament a tot el món, des d'Europa als EUA fins a Rússia i després també al Japó, el Brasil, la Xina, Amèrica del Sud, Austràlia i Àfrica.

Aquests generadors, que encara estan en funcionament, realitzen la tasca dels voluntaris.

Els dispositius generen nombres aleatoris (un o zero) centenars de vegades per segon. Al mateix temps, els dispositius formulen una previsió. Finalment, els dispositius comproven si la seva predicció és correcta.

Els resultats són increïbles. Abans que es produeixin esdeveniments col·lectius importants, els generadors endevinen exactament les prediccions amb molta més freqüència que la mitjana estadística.

Pel que sembla, el funcionament de les eines es veu afectat per esdeveniments que succeiran més endavant.

A la pràctica, les eines de RNG poden registrar canvis significatius en la consciència col·lectiva de les comunitats humanes presents en el rang d'influència assolible per l'eina.

La variació consisteix en un major nombre de prediccions exactes.

Si l'esdeveniment pot afectar un continent sencer, tots els generadors d'aquest continent registren les mateixes variacions.

Una confirmació sorprenent va ser la mesura realitzada

poques hores abans de l'atac a les Torres Bessones a Nova York l'11 de setembre del 2001. En aquella ocasió, es va mesurar un enorme augment de les prediccions exactes.

El professor Dean Radin, que participa en el projecte, descriu el comportament dels aparells RNG al seu llibre "Interconnected Minds":

"L'11 de setembre de 2001, la corba del gràfic va experimentar una increïble desviació respecte als altres dies examinats.

La corba va assolir un pic extraordinàriament alt. Això va passar unes dues hores abans que l'avió segrestat es va estavellar contra la primera de les Torres Bessones de Nova York.

Posteriorment, la corba va baixar al nivell més baix. Això va passar unes vuit hores més tard "

Normal i paranormal.

L'univers psíquic encara és desconegut.

Moltes persones han experimentat fenòmens telepàtics o han tingut una visió de futur.

Es tracta de fenòmens psíquics o parapsicològics. De vegades, aquests fenòmens s'atribueixen a un "sisè sentit". Aquests casos es coneixen com a fenòmens ESP (percepció extra-sensorial) o PK o PSI

Per als materialistes, tots aquests fenòmens són il·lusions.

El materialisme ha estat la posició científica estàndard des de fa alguns segles. No obstant això, una petita minoria d'investigadors van continuar estudiant fenòmens psíquics. Si aquests fenòmens fossin reals, ampliarien molt el nostre coneixement de la ment i estendrien el domini de la ciència.

Però aquestes experiències no coincideixen amb la teoria materialista. Per tant, es classifiquen com a "paranormals". El terme "paranormal" significa literalment "més enllà del normal".

Utilitzant el prefix "para", el "normal" no consisteix en les coses que succeeixen realment, sinó en els prejudicis de la ciència materialista.

De la mateixa manera, el terme "parapsicologia" significa "més enllà de la psicologia". Així, defineix un context que no forma part de la psicologia normal.

Crec que el prefix "para" s'utilitza de manera inadequada. Si existeixen fenòmens ESP, són "normals", no "paranormals". Els fenòmens ESP són "naturals", no "sobrenaturals".

Els fenòmens ESP formen part de la naturalesa humana i es poden estudiar científicament.

(Resumit a: "The Science Delusion", de Rupert Sheldrake).

Percepcions extrasensorials a l'univers psíquic.

"El setè sentit"

Des d'Aristòtil hem après que el cos humà té cinc sentits: vista, oïda, tacte, gust, olfacte.

Aquests sentits són els que ens permeten connectar-nos físicament amb el món circumdant, per obtenir informació útil per a la supervivència.

En la saviesa popular hi ha el "sisè sentit". Aquest sentit s'anomena "intuïció" i no utilitza mediadors físics: mans, llengua, ulls.

La intuïció és la riquesa de coneixement que hem acumulat en la nostra experiència vital. La intuïció suggereix allò que és fiable, què s'ha de fer, com arriscar el menys possible davant de situacions d'incertesa.

La intuïció millora en funció de la nostra experiència.

Per una banda, es pot considerar "extrasensorial" perquè no està mediada per cap òrgan físic. D'altra banda, la intuïció no és "extrasensorial" per dos motius.

La primera raó és que la intuïció no introdueix coneixement desconegut en el nostre "coneixement", sinó que reelabora la informació que ja posseïm. La segona raó; és que la intuïció està mediada pel coneixement present al nostre cervell.

Per tant, el "sisè sentit" opera racionalment sobre dades conegudes.

Per contra, el "setè sentit" processa informació en la nostra consciència que mai no ha tocat la nostra consciència i el nostre coneixement.

El "setè sentit" ho fa d'una manera completament irracional i imprevisible.

És a dir, el "setè sentit" ens introdueix a realitats completament alienes a la nostra vida diària i a la nostra experiència.

El terme "setè sentit" pot definir adequadament "percepcions extrasensorials", o ESP (Percepció Sensorial Extra). Aquests són:

- La capacitat de predir el futur. (Precognició)

- La capacitat de percebre visualment coses que normalment no són visibles. (Clarividència)

- La capacitat de comunicar-se amb el pensament. (Telepatia)

El camp d'estudi de les "percepcions extrasensorials" s'anomena comunament "parapsicologia".

Coses que passen al "moment adequat.

Les "sincronies de Carl Jung" van canviar la història de l'home?

Les "sincronies de Carl Jung" que es produeixen a la vida de l'individu es produeixen "amb intel·ligència", és a dir, en el "moment adequat". Això significa que les "sincronies de Carl Jung" es produeixen quan són necessàries per marcar la diferència en la vida d'un individu.

Aquesta afirmació no és certa només pel que fa a les persones. Hi ha una "intel·ligència universal".

Aquesta intel·ligència programa la manifestació de "sincronicitats" que poden guiar tota la humanitat cap a etapes evolutives superiors.

El psicoanalista Joseph Cambray, seguidor de Carl Jung, reivindica l'existència de "sincronies culturals".

Segons Joseph Cambray, els esdeveniments culturals "guiats" es produeixen en l'evolució de la humanitat. Aquests esdeveniments es produeixen "al moment adequat".

Cita, com a exemple, el naixement de la democràcia a la civilització grega.

Un altre exemple de "moment adequat" sembla evident si avaluem les fases de l'evolució humana. Les edats de l'home es poden dividir en l'edat de pedra, l'edat del coure, l'edat del bronze i l'edat del ferro.

En declarar-los d'aquesta manera, no tenim la percepció de la seva durada.

De fet, l'edat de pedra comença fa 3-4 milions d'anys. L'edat del coure només comença fa 6.000 anys. L'edat del bronze va començar fa només 5.000 anys. L'edat del ferro només va començar fa 3.000 anys.

L'edat de pedra era immensament més llarga que la resta. Per què l'home va romandre quiet durant tant de temps a l'edat de pedra? Per què va trigar tant a entrar l'home a l'edat del coure?

Aquesta és una pregunta a la qual la paleontologia moderna no pot respondre.

Assumim una hipòtesi. Durant tot aquest llarg període, els homes no tenien intenció d'evolucionar cap a nivells superiors

Potser els homes de l'edat de pedra no s'imaginaven la possibilitat d'evolucionar perquè no tenien una consciència capaç d'expressar intencions.

En un cert moment, però, els homes van augmentar en nombre. Gràcies a algunes circumstàncies favorables, els homes de l'Edat de Pedra van ser capaços de desenvolupar un "camp de força psíquica". Aquest camp de força va interactuar amb una força psíquica primària. Aquesta força va ser l'artífex del desenvolupament cultural humà. És un "arquetip", hipotetitzat per Carl Jung.

A partir d'aquest moment, l'evolució cultural va ser molt ràpida. L'espècie humana va passar ràpidament de l'edat de pedra a l'edat del coure. Més tard va passar de l'edat del coure a l'edat del bronze i després a l'edat del ferro.

Avui vivim a l'era del silici, és a dir, a l'era de la informació.

Avui tenim les eines de comunicació útils per difondre ràpidament noves idees.

Les noves idees poden generar "camps de força psíquica" i desitjos respecte a les noves fronteres del coneixement.

Els "camps de força psíquica" generats avui en dia són cada vegada més poderosos. Aquests "camps de força psíquica" poden canviar el camí evolutiu de la humanitat en poques dècades.

Cada pas evolutiu pot tenir lloc en poques dècades. Ja no calen milions d'anys.

La condició actual de la humanitat és sens dubte el "moment adequat" per a l'afirmació de noves idees, nascudes de l'aportació de la física quàntica.

Gràcies a la física quàntica, neixen noves interpretacions de la realitat. Aquest coneixement pot trastocar totes les antigues creences sobre la realitat de l'univers.

Tota la doctrina predicada per la ciència materialista serà arrasada.

De fet, la mecànica quàntica prediu una realitat en què la part material de l'univers col·labora amb una part "psíquica". L'univers és intel·ligent i té una ànima.

Un exèrcit de "defensors" d'aquesta nova ciència està sorgint arreu del món.

Es tracta d'un exèrcit capaç de generar un "camp de força psíquica" extremadament poderós. D'aquest "camp de força psíquica" sorgeixen les "sincronies culturals" capaces de guiar la humanitat cap al "Punt Omega".

La gran sincronia que estem vivint.

"Aquest és el moment adequat"

Al meu llibre "Entanglement and Synchronicity" vaig assenyalar que l'evolució humana no té lloc de manera lineal, tal com proposaven els darwinistes. Els estudis científics demostren que l'evolució procedeix de manera no lineal.

De fet, no es pot negar que l'home va estar quiet durant gairebé quatre milions d'anys a l'edat de pedra.

Aleshores, durant els darrers 12.000 anys, la humanitat ha fet un salt evolutiu increïble.

L'home ha manejat la pedra el 99,99% del temps de la seva existència. En l'últim 0,1% del temps, l'home es va convertir en capaç d'aterrar a la lluna.

Per què va passar això? La resposta és que tot passa al "moment adequat".

El moment adequat es manifesta amb una sèrie de sincronicitats. Les sincronicitats estimulen cada home a emprendre l'aventura del canvi. Això també passa en el cas de tota una comunitat

Actualment vivim un d'aquests moments. Passem d'una civilització basada en el domini del materialisme a una nova civilització.

En aquesta nova civilització la "matèria" i la "psique", el cos i l'esperit col·laboren amb igual dignitat.

Descobrirem noves lleis de l'univers.

Els algoritmes de la física del futur es basaran en l'acció de la matèria entrellaçada amb l'acció de l'esperit.

Una increïble sèrie de "sincronies" ens guia cap a aquest objectiu.

Anem cap a un nou nivell evolutiu de la ment. Res no es mantindrà sense canvis.

Probablement viatgem a gran velocitat cap al "punt Omega".

"Punt Omega" és un terme encunyat pel científic jesuïta francès Pierre Teilhard de Chardin.

"Punt Omega" és el nivell més alt de complexitat i consciència. La intel·ligència del Cosmos està guiant la humanitat cap al "Punt Omega". És un nivell en què hi haurà una col·laboració total entre "matèria" i "psique".

Altres llibres d'aquesta sèrie.

ELS LLIBRES D'AQUESTA SÈRIE ES
PUBLIQUEN EN MOLTES IDIOMES, INCLUDS:
ANGLÈS - FRANCÈS - ESPANYOL - ALEMANY -
PORTUGUÉS - OLANDÉS
Hi ha molts altres idiomes disponibles per als
diferents títols.

Podeu trobar les publicacions de la sèrie
"Cenacolo Jung Pauli" al lloc web:
www.giardinoquantico.it.
Estan disponibles en format ebook o imprès.

Les estranyes coincidències de la vostra vida. Fets curiosos i insòlits. Premonicions. Telepatia. Et passa també a tu?.

La física quàntica i la teoria de la sincronicitat de Carl Jung expliquen fenòmens extrasensorials.

Pages 100.

Des dels primers desenvolupaments del pensament, la humanitat creia que algunes coincidències importants eren signes amb els quals un nivell superior, filosòfic o diví, volia parlar amb els homes.

En els darrers tres segles, aquestes creences havien estat esborrades per les noves tendències científiques. Els fets extraordinaris van ser considerats casos simples. Qualsevol que volgués interpretar fets extraordinaris com a senyals divins estava destinat a la ironia.

De la mateixa manera, les visions del futur eren considerades il·lusions o fins i tot signes de desequilibri. Això va passar malgrat els testimonis de molta gent.

La ciència va negar l'existència d'una dimensió psíquica oberta al diàleg amb la ment humana. Segons l'opinió comuna, l'única realitat existent està feta d'objectes materials.

No obstant això, el 1980, molts experiments en física quàntica van demostrar que la matèria no és l'únic component de l'univers. Aquest univers conté un nivell en què l'energia i la informació no pateixen els límits d'espai i temps propis de la física clàssica.

Això confirma tots els coneixements adquirits en la història de la humanitat. Entre aquestes visions recordem el concepte d '"Ànima del món" enunciat pel filòsof grec Plató. Més recentment, el psicòleg suís Carl Gustav Jung ha desenvolupat la teoria de l'inconscient col·lectiu.

Aquest llibre evita aprofundir en temes excessivament especialitzats. L'autor acompanya clarament el lector a comprendre els tres nivells que formen una única realitat.

El primer nivell és el físic, que forma part de la nostra experiència diària. El segon nivell és el que descriu la física quàntica, típic de les partícules elementals més petites que els àtoms. El tercer és el nivell psíquic anomenat "no localitat". És el nivell espiritual, que no es pot localitzar físicament enlloc.

Aquest camí del coneixement fa referència als descobriments recents reconeguts per la ciència oficial. Les estranyes coincidències i els fenòmens de la ment esdevenen parts importants d'una nova i sorprenent realitat.

Quantum Entanglement and Synchronicity.

**Force Fields, Non-Locality, Extrasensory Perception.
The Astonishing Properties of Quantum Physics.**

Pages 244. 55 illustrations.

For many centuries extrasensory perceptions such as telepathy, premonitions and foresight have been considered fantasies, illusions or fraudulent inventions.

This was the direct consequence of materialistic domination over science and the a priori denial of any reality that could not be verified in the laboratory.

Despite this, we have all had simple experiences such as strange coincidences, presentiments or even readings others' thoughts and intentions. That they were not illusory is proven by the fact that we have often benefited from them in our everyday lives.

Now finally, in recent decades, scientific evidence is emerging of the existence of a higher level of consciousness, a collective mind where ideas and thoughts common to all of humanity dwell: a psychic cosmos from which it is possible to draw and from which we receive signals and information.

In 1980 the *quantum entanglement* was experimentally confirmed, i. e. the property of elementary particles to communicate with each other without limits of space and time, in a dimension that is not subject to the known laws of physics and can be compared to a universal mind.

The Global Consciousness Project experiments, conducted at Princeton University, have undoubtedly demonstrated the existence of a global consciousness, ready to react emotionally when major events involving humanity occur.

This Project is based on electronic equipment distributed in 41 nations on all continents, able to record the mood of human communities.

On the occasion of the terrorist attack on the Twin Towers in New York, on September 11, 2001, the University of Princeton instruments recorded a very high peak of "anguish" in the global population feelings: the amazing fact is that the emotional peak was not recorded after, but two hours before the event happened.

This book talks about all the confirmations acquired in the last five decades to the theory of the *Anima mundi* dear to the Greek philosopher Plato, and then to the intuition of the *collective unconscious* of the well-known psychotherapist Carl Gustav Jung, until the definitive confirmation, coming from eminent scientists and Nobel prizes of what was predicted by quantum physics, that is the existence of a non-local level where particles, even if separated by immense distances, know everything about each other and behave as if they were one.

This book is neither a scientific text nor a philosophical or a para-religious one. The author is a popularizer with years of experience to his credit, able to identify the salient points of even very complex topics, managing to re-elaborate them in order to make them comprehensible to the general public.

The message of this book is that the dividing barrier between matter and psyche is collapsing, indeed, it has already collapsed.

From a universe totally based on matter aggregated by chance, humanity is definitely navigating towards a new way of understanding reality, where matter and psyche coexist and integrate.

While classical physics remains dominant in the world perceived by our senses, new levels of reality are opening up.

At a quantum level, classical physics is no longer valid: matter cannot perform its function on its own, but it needs a psychic dimension, that is, a further level, the level of non-locality. Here the whole universe becomes one, made of energy and information, and is coordinated by a harmony force without which only chaos would exist.

In the most hidden levels of reality matter cannot do without the psyche but, reciprocally, the psyche cannot exist without a matter through which to express itself.

This awareness is accompanying humanity towards a new evolutionary leap, beyond which the materialistic dominance will cease.

There will be an era of collaboration between psyche and matter, in which even phenomena that are now discussed or denied, such as extrasensory perceptions, will become a patrimony of common use in everyday life.

L'univers és intel·ligent. L'ànima existeix.

Misteris quàntics, multivers, entrellaçament, sincronicitat. Més enllà de la materialitat, per a una visió espiritual del cosmos.

Pages 270. 21 Illustrations.

Els increïbles descobriments de la física quàntica estan canviant completament els supòsits de la ciència clàssica. Avui la tècnica permet assoliments sorprenents. Per exemple, s'estan realitzant les primeres computadores quàntiques amb capacitats de computació gairebé il·limitades. Alguns donen suport a la possibilitat real de viatjar en el temps. A més d'aquestes innovacions conegudes pel públic en general, hi ha altres menys conegudes però no menys importants. Aquestes són les novetats derivades dels estudis quàntics, entre els quals podem esmentar la "superposició dels estats" i el "col·lapse quàntic".

La "superposició dels estats" confirma que la mateixa partícula es pot trobar simultàniament en dos o més llocs. La teoria del "col·lapse quàntic" confirma que el comportament de la matèria es pot decidir simplement mitjançant l'observació. Aquests no són supòsits, sinó principis verificats experimentalment.

Aquest llibre no només tracta aquestes innovacions, sinó que dóna molt espai a teories més avançades. Són teories anunciades però encara no confirmades. A més, el llibre també avalua les teories més aventurers, sempre que es basin científicament.

Per exemple, el llibre parla del multivers, o teoria dels universos paral·lels, proposat pel físic Hugh Everett. De la mateixa manera, el llibre parla de no-localitat. És un espai psíquic totalment independent de les lleis de la física clàssica. Com a resultat de la no localitat, les partícules elementals, situades a distàncies astronòmiques, es comporten com si fossin una.

Aquest llibre també parla de les últimes investigacions de Roger Penrose, un físic no vinculat a cap religió, i Stuart Hameroff. Segons aquests dos científics, l'ànima existeix i es pot identificar amb fluctuacions quàntiques. Aquestes fluctuacions tenen la capacitat de sobreviure a la mort física del cos.

Si realment les "ànimes" són condensacions de fluctuacions quàntiques, podem formular una pregunta: serà possible concebre instruments que permetin el diàleg amb aquestes fluctuacions?

El llibre exposa la investigació de científics establerts però sense utilitzar cap fórmula matemàtica. Les teories estan exposades de manera senzilla i comprensible per a tothom. D'aquesta manera tothom podrà descobrir els aspectes insospitats de la realitat en què vivim.

És evident que la física quàntica està decretant el final del materialisme i l'inici d'una nova fase cultural, basada en la col·laboració entre esperit i matèria.

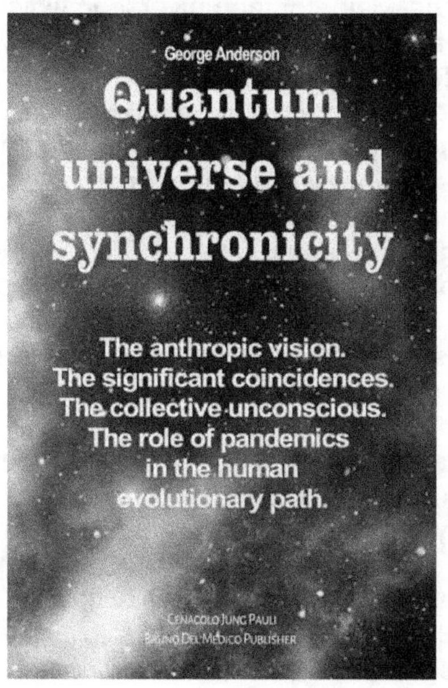

Quantum universe and synchronicity

The anthropic vision. The significant coincidences. The collective unconscious. The role of pandemics in the human evolutionary path.
Edizioni PensareDiverso Copyright 2020. Pages 266

Quantum physics proposes, on a scientific basis, the concept of a universe in which each particle is connected with all the others through a bond that surpasses every law of classical physics. In this context, all things converge in a great project of cosmic evolution, the "Unus mundus". Today many well-known scientists subscribe to the "anthropic theory", according to which the universe was not born by chance, but was created exactly with the characteristics it possesses to host intelligent life. The latest scientific discoveries deny materialism and impose a more spiritual vision of the universe in which we live.

The synchronicity theory was developed with rigorous methodologies by the famous psychologist Carl Jung. During a long collaboration Jung obtained the support and encouragement of a valuable fellow student, the physicist Wolfgang Pauli who was a Nobel Prize in 1945.

Synchronicity represents a very valid starting point for investigating the profound reasons for some events that normally appear random. In fact, synchronicities are manifested in the life of each of us through strange coincidences, dreams, intuitions and presentiments, to confirm that nothing comes from chance.

The synchronicities described by Jung are chains of apparently random episodes, which nevertheless contain a "numinous" message. Although the theory of synchronicity is credited to the field of metaphysics, the most current discoveries of quantum physics have demonstrated its scientific plausibility.

Each event, like the series of epidemics that dot the last few decades, leaves the context of randomness and takes on a well-defined meaning in the history of the human species. Probably the theory of synchronicity is the most suitable to answer this question: does the coronavirus represent an event due to chance, or does it contain a significance that needs to be revealed? In the final part this book deals with the numerous cases of epidemics that have developed in recent years (Sars, Mers, Hiv, Ebola, Covid-19 etc.) and places them in the context of a global synchronicity that is guiding humanity towards highest level of complexity and awareness.

www.ingramcontent.com/pod-product-compliance
Lightning Source LLC
Chambersburg PA
CBHW071444150726
48000CB00006B/2440